AF231724

LES NOUVEAUX
TRAITÉS DE COMMERCE

ET LA LOI

SUR LES MATIÈRES PREMIÈRES

PAR

M. DE FORCADE LA ROQUETTE

ANCIEN MINISTRE

PARIS

GUILLAUMIN ET Cie, LIBRAIRES – ÉDITEURS

14, RUE RICHELIEU, 14

—

M. DCCC. LXXIII

LES NOUVEAUX TRAITÉS DE COMMERCE

ET LA LOI

SUR LES MATIÈRES PREMIÈRES

AGEN — IMPRIMERIE DE P. NOUBEL

LES NOUVEAUX
TRAITÉS DE COMMERCE

ET LA LOI
SUR LES MATIÈRES PREMIÈRES

PAR

M. DE FORCADE LA ROQUETTE

ANCIEN MINISTRE

PARIS

GUILLAUMIN ET Cⁱᵉ, LIBRAIRES - ÉDITEURS

14, RUE RICHELIEU, 14

1873

AVANT - PROPOS.

Des fragments de cet écrit ont déjà paru dans l'*Economiste français*, les 26 avril et 3 mai derniers. L'ouvrage entier était imprimé, avant la crise qui a déterminé l'Assemblée Nationale à appeler au pouvoir le maréchal de Mac-Mahon. La gravité des événements politiques en avait seule retardé la publication.

On ne s'étonnera donc pas de trouver dans quelques passages de cet écrit la trace d'inquiétudes justifiées alors, atténuées aujourd'hui.

L'union des partis conservateurs offre à la France des garanties nouvelles et sérieuses. Dans la retraite où j'ai vécu depuis trois ans, je n'ai cessé de la conseiller et d'y travailler par la conduite que j'ai cru devoir observer. J'ai refusé la candidature dans la Gironde en 1871, parce qu'alors elle pouvait diviser les partis conservateurs. Je l'ai acceptée en octobre 1872, lorsqu'elle pouvait devenir, même au prix d'un échec personnel, une occasion de rapprochement honorable pour tous.

Il serait à désirer que l'union qui vient de s'établir et qui doit durer pût s'étendre même aux questions commerciales. Je me suis efforcé dans cet écrit de conserver la mesure que j'ai l'habitude d'observer dans la discussion des intérêts publics du pays. Si pourtant la vivacité de mes convictions économiques m'avait entraîné à certaines observations qui pussent paraître désagréables à quelques adversaires de la liberté commerciale, je les prie de m'excuser. Ils reconnaîtront d'ailleurs que dans les questions soulevées par la ratification des nouveaux traités, les partisans et les adversaires de la liberté commerciale sont d'accord sur les points essentiels qui se résument ainsi :

1º Abandon des droits sur les matières premières ;

2º Convention spéciale entre la France et l'Angleterre pour assurer aux deux pays le traitement de la nation la plus favorisée, ce qui entraîne la suppression des surtaxes de pavillon et écarte le danger de surtaxes sur nos propres produits ;

3º Maintien du *statu quo* dans le régime douanier jusqu'à l'expiration des traités existants avec l'Italie, la Suisse, la Suède et l'Autriche.

Malromé, 30 mai 1873.

Le Traité de commerce conclu avec l'Angleterre, en 1860, a été le point de départ d'une réforme économique qui est l'un des faits les plus considérables et des progrès les plus légitimes de notre temps. Elle n'avait pas .pour but d'établir la liberté commerciale mais de la préparer. Elle porta au régime protecteur une atteinte décisive, tout en maintenant des tarifs modérés ; elle donna une impulsion nécessaire à nos principales industries et développa tous les éléments de notre commerce extérieur. L'abolition des droits sur les matières premières, l'abrogation de l'échelle mobile, la suppression des surtaxes de pavillon et plusieurs autres mesures importantes ont marqué, pendant dix années, le progrès constant de la liberté commerciale.

Cette grande réforme ne s'arrêta pas à la frontière ; elle s'étendit bientôt à tous les Etats voisins, et des Traités signés successivement avec la Belgique, l'Italie, la Suisse, le Zollwerein, l'Autriche, la Suède, le Portugal, les Pays-Bas, généralisèrent en Europe l'application du nouveau système économique dont la France et l'Angleterre avaient pris l'initiative. On vit se produire à la fois chez la plupart des nations commerçantes du monde un abaissement général des tarifs de douane ; les chemins de fer, la marine à vapeur profitèrent de ces facilités offertes aux échanges entre les peuples. Des courants d'affaires à peine connus autrefois purent se développer librement. On mesura alors la puissance productive de la France trop longtemps contenue par les restrictions du régime protecteur ; notre commerce extérieur, qui ne dépassait pas deux milliards en 1852, s'éleva jusqu'à huit milliards dès 1866.

Des résultats aussi considérables n'ont pas été obtenus sans efforts. De 1860 à 1870, la lutte a été constante entre les partisans et les adversaires de la liberté commerciale. Si légitime, si nécessaire que soit une réforme, elle ne peut donner satisfaction aux intérêts généraux du pays sans porter atteinte à certains intérêts privés longtemps favorisés par le régime antérieur. Ces intérêts étaient respectables, nous avons regretté plus d'une fois des souffrances individuelles malheureusement inévitables. Mais considérées dans leur ensemble, les plaintes furent exagérées et l'injustice des récriminations dépassa souvent toute mesure ; elle devint même une arme d'opposition contre le Gouvernement qui avait eu le courage de s'exposer, pour atteindre un but utile, à d'ardentes inimitiés.

L'Empereur s'en émut plusieurs fois. Il sentait qu'une réforme dans l'ancien système économique était devenue nécessaire et il soutint jusqu'au bout ses ministres engagés dans des luttes qui se renouvelaient sans cesse, mais il s'affligeait de rencontrer tant de résistances. Lorsqu'après la chûte de l'Empire, M. Thiers annonça la dénonciation du Traité de commerce avec l'Angleterre, je fis un dernier effort pour le défendre. L'Empereur me remercia d'être resté fidèle à la cause que j'avais soutenue sous son règne. C'est à cette occasion que je revis pour la dernière fois le

Souverain que j'avais servi aux jours de sa puissance. Depuis, la tombe de Napoléon III s'est ouverte dans l'exil comme celle de Napoléon Ier. Atteint par la maladie au moment de la guerre, et déjà bien près de la mort, il ne put la rencontrer sur le champ de bataille où il était allé la chercher. L'Empereur n'appartient plus qu'à l'histoire. Les partis s'efforcent en vain de devancer ses jugements. Elle enregistre les faits qui se sont accomplis depuis trois ans, elle racontera ceux qui se préparent, elle jugera ceux qui ont jugé les autres. Il fut l'élu de la France, il fut l'arbitre de l'Europe après la guerre d'Orient, il écarta pendant vingt ans les dangers qui, après tant de malheurs, menacent encore d'accabler la patrie. Les partis qu'il domina longtemps se déchaînèrent contre lui après sa chute. En butte à toutes les accusations, il n'accusa personne et son âme resta maîtresse d'elle-même dans l'adversité comme dans les grandeurs. On voudrait échapper à de douloureux souvenirs et à de tristes pressentiments, mais ils obsèdent la pensée, alors même qu'elle cherche à se concentrer sur des sujets étrangers à la politique et aux passions contemporaines.

Les événements de 1870 fournirent une occasion tristement favorable de réagir contre la politique commerciale de l'Empire. Le parti protectionniste s'en saisit habilement; nous verrons dans la suite de ce travail si les industries qui ont le plus hautement accusé l'insuffisance des tarifs de 1860 ont beaucoup gagné aux nouvelles mesures douanières.

Quoi qu'il en soit, une dernière épreuve attendait la réforme économique, l'épreuve des mauvais jours et le triomphe passager de ses plus puissants adversaires. La vie publique serait trop facile si le succès était toujours fidèle à la bonne cause. Les revers même immérités sont une épreuve morale qu'il plait à Dieu d'imposer à l'orgueil de l'homme ; mais il y a souvent dans l'adversité elle-même un germe de fécondité pour l'avenir ; elle a pu servir ici à révéler sous des aspects nouveaux et imprévus la vérité des doctrines qui ont paru, un instant, vaincues et condamnées sous l'effort des intérêts et des passions dominantes.

La réforme économique n'était pas achevée en 1870 ; mais elle avait déjà produit des résultats suffisants pour opposer à ses adversaires l'autorité acquise des bienfaits accomplis pendant une période de dix années. L'effort pour la détruire a été rapide et énergique : les Traités avec l'Angleterre et la Belgique ont été dénoncés coup sur coup, les surtaxes de pavillon rétablies, les vieilles taxes sur les matières premières présentées comme une ressource financière indispensable, enfin les drawbacks remis en honneur pour dissimuler des protections nouvelles. On a exploité contre la réforme économique accomplie sous l'Empire jusqu'aux passions vulgaires de la politique du jour. On semblait prendre plaisir, même dans les documents officiels, à poursuivre le Gouvernement déchu jusque dans les questions commerciales où son habile initiative avait rendu les plus incontestables services.

Mais ce n'est pas tout de critiquer et de détruire. Le moment arrive où il faut passer du dénigrement à l'action et présenter une œuvre nouvelle à l'épreuve des faits. En économie politique, l'erreur ne saurait se dissimuler longtemps sous les mots sonores et les récriminations stériles. Des résultats faciles à contrôler ne tardent pas à apporter le démenti ou la confirmation des idées qui passent rapidement de la doctrine dans les lois et des lois dans les faits.

On a déjà pu apprécier l'effet déplorable produit en Europe, et surtout en Angleterre, par la dénonciation des anciens Traités et le rétablissement des surtaxes de pavillon. On peut juger en France du danger des taxes nouvelles sur les matières premières. Mais pour se rendre compte de l'ensemble de la politique commerciale du Gouvernement, il est nécessaire d'étudier dans leurs dispositions essentielles les nouveaux Traités de commerce conclus par le Président de la République française avec l'Angleterre et la Belgique. Ces Traités viennent d'être soumis à la ratification de l'Assemblée. Si l'on en juge par le choix de la commission appelée à donner son avis sur la ratification, ils ont été accueillis avec une extrême froideur. Dans le public, ils ont été jusqu'ici plus attaqués que défendus. Les représentants les plus autorisés des doctrines protectionnistes ont manifesté hautement leur mécontentement. Les partisans de la liberté commerciale s'attendaient peut-être à une réaction plus accusée contre le régime économique de 1860, mais ils ne peuvent se trouver satisfaits de conventions internationales qui, loin de consacrer aucun progrès, grèvent l'industrie et le commerce d'un impôt sur les matières premières.

Nous nous proposons d'examiner les nouveaux Traités, d'en apprécier le caractère général et les conséquences pratiques. Quelque sérieuses que puissent être les préoccupations d'un autre ordre, n'oublions pas qu'il s'agit ici de la politique commerciale de la France et des questions fondamentales qui exercent une influence rapide et décisive sur la fortune publique. En comparant les systèmes économiques qui sont en présence et la conduite diplomatique des divers Gouvernements, on sera amené naturellement à apprécier ce qu'était la politique commerciale de la France sous l'Empire et ce qu'elle est devenue sous le régime actuel.

I

L'étude des négociations qui ont précédé les nouveaux Traités avec l'Angleterre et la Belgique sont la préface obligée d'un examen sérieux de leurs dispositions essentielles. Ces négociations ont duré deux années. Commencées dans le but avoué de revenir au régime protecteur, elles ont abouti à la confirmation des tarifs insérés dans les Traités de 1860, mais aggravés par les taxes sur les matières premières et les droits compensateurs.

Les documents publiés en France sur les négociations qui ont eu lieu en 1871 et 1872 sont encore très incomplets, mais des publications officielles d'une véritable importance ont déjà été adressées au Parlement anglais et aux Chambres belges. Il est nécessaire d'analyser quelques-uns de ces documents, parce qu'ils contiennent, suivant nous, l'explication la plus authentique et le commentaire le plus sûr des dispositions finalement adoptées par les Hautes Parties contractantes.

Les dépêches diplomatiques communiquées au Parlement anglais permettent de fixer au mois de juin 1871 les premières demandes du Gouvernement français pour obtenir la révision du Traité de commerce de 1860. On se borne d'abord à quelques ouvertures un peu vagues sur la nécessité où se trouve la France d'augmenter les revenus des douanes pour faire face aux dépenses d'une guerre malheureuse. Lord Granville reçoit ces premières communications avec une inquiétude qu'il ne cherche pas à dissimuler. Il écrit dès le 17 juin 1871 à lord Lyons, ambassadeur d'Angleterre à Paris : « En réponse à votre dépêche relative aux mesures financières que prépare le Gouvernement français, je dois faire connaître à votre Excellence qu'une inquiétude extrême (*considerable anxiety*) a été ressentie dans ce pays à la pensée que ces mesures peuvent réagir sur le traité de 1860.[1] »

Le caractère embarrassé des premières dépêches permet d'apprécier les préoccupations des deux Gouvernements, qui, malgré leur dissentiment sur les questions commerciales, ont également à cœur de maintenir leurs bonnes relations politiques. Tout en avouant une pensée de retour au régime protecteur, le Gouvernement français s'empresse d'ajouter qu'il s'agit de taxes modérées, et surtout de mesures fiscales. Le cabinet de Londres, peu rassuré par ces déclarations générales, demande des propositions précises.

Les dépêches se succèdent dans le cours du mois d'août et, le 13 septembre 1871, M. le duc de Broglie, notre ambassadeur à Londres, remet à lord Granville un projet de Traité qui maintient sur un certain nombre de marchandises, et notamment sur les fers, les tarifs établis par le Traité de 1860, et propose des augmentations de droits sur d'autres objets tels que les fils et tissus de lin, les fils et tissus de coton, les fils de laine cardée, les étoffes mélangées de laine et de coton.

Ce projet de Traité fut repoussé par le cabinet de Londres. Les motifs de ce refus sont exposés dans une dépêche importante de lord Granville, du 1er novembre 1871. Le Gou-

---

[1] Toutes les dépêches anglaises citées dans ce travail sont extraites du Blue Book anglais.

vernement de la Reine éprouve la plus vive répugnance à donner l'exemple d'une négociation qui aurait pour but non de diminuer, mais d'élever les droits protecteurs. Il considère une semblable politique comme plus nuisible encore à l'Etat qui augmente les droits qu'à l'Etat contre lequel cette aggravation de droits est dirigée. Sans avoir la prétention de donner des avis au Gouvernement français, le Gouvernement de la Reine ne peut s'empêcher de faire observer que la liberté commerciale a contribué, en Angleterre aussi bien qu'en France, à développer tous les éléments de la richesse publique et de la puissance financière des deux pays.

La correspondance diplomatique trahit à plusieurs reprises les regrets de quelques-uns des négociateurs français.

M. de Rémusat, ministre des affaires étrangères, n'hésite pas à déclarer à lord Granville qu'il est libre-échangiste (*free-trader*), et se montre très préoccupé des conséquences dommageables que la dénonciation du Traité de 1860 causera au commerce de la France et de la Grande-Bretagne.

Il est évident que sur cette question du libre-échange et de la protection, M. Thiers n'est pas en communauté d'idées avec plusieurs de ses ministres. Mais il n'en persiste pas moins dans sa politique économique, et le Message adressé, le 7 décembre 1871, à l'Assemblée nationale annonce l'insuccès de ses négociations avec l'Angleterre et la nécessité de dénoncer le Traité de commerce. On se rappelle les appréciations sévères et, suivant nous, bien injustes du Message. Elles contrastent d'une manière curieuse avec le ton plus adouci des dépêches diplomatiques.

« Je ne vous apprendrai rien, disait M. Thiers à l'Assem-
« blée, en vous rappelant la résistance que les Traités de

« 1860 ont rencontrée en France à l'époque de leur conclu-
« sion..... Ce qu'on reprochait à ces Traités, c'était d'a-
« voir introduit sans préparation une liberté absolue,
« c'était d'avoir découvert toutes nos industries à la fois,
« de s'être arrêté à des tarifs insuffisants, rédigés par des
« commissaires étrangers, à l'exclusion des nôtres, et
« d'avoir ainsi causé aux plus importantes productions na-
« tionales, telles que les fers, les tissus de toute nature, les
« produits agricoles, un dommage immense ! »

Passant à une appréciation de l'enquête commencée en
1870 par le Corps législatif, le Message ajoutait : « qu'il
« était ressorti de cette enquête que la marine marchande
« était ruinée, que l'industrie du fer avait été ravagée, que
« les fils et tissus de coton, de lin et de laine avaient
« subi des dommages considérables, que les tissus mélangés
« de Roubaix étaient presque détruits, que l'agriculture
« souffrait dans quelques-uns de ses produits essentiels....»

Cette amertume de langage contre les Traités de 1860 et
leurs conséquences funestes est, pour ainsi dire, le dernier
mot de la réaction essayée contre la politique commerciale
de l'Empire. La dénonciation du Traité de commerce en
était la conclusion nécessaire ; elle eut lieu en effet au mois
de mars 1872. Le Traité avec la Belgique du 1ᵉʳ mai 1861
ne pouvait survivre au Traité anglais. Il avait la même origine et reposait sur le même principe. Il fut dénoncé à son
tour. Mais c'était peu de détruire le passé, il fallait accom-
plir l'œuvre nouvelle. Le moment était venu de relever les
barrières de la protection ! On s'adressa, en effet, à la
Belgique et on lui demanda un retour au régime protecteur
comme on l'avait demandé en Angleterre ; les documents
belges racontent ainsi cette partie de négociation avec la
France :

« Peu de temps après la dénonciation du traité du 1er mai
« 1861, le Gouvernement de la République française me fit
« connaître ses propositions. Il nous demandait la faculté
« de relever les tarifs applicables, à l'entrée en France,
« aux fils et tissus de lin et de chanvre, aux fils et tissus
« de coton, aux tissus de laine mélangés de soie, aux tissus
« de laine mélangés de coton, à l'acide stéarique, aux bois
« de parquet, aux toiles d'emballage, aux viandes salées....

« La plupart de ces modifications auraient eu pour effet
« d'assurer un surcroît de protection à l'industrie française.
« Nos Chambres de commerce reçurent communication
« confidentielle des propositions du Gouvernement français.
« Elles furent unanimes à déconseiller au Gouvernement du
« Roi de les accepter. »

Ainsi se termine la première phase des négociations. Elle
aboutit à la dénonciation des Traités de commerce. La France,
l'Angleterre, la Belgique ont recouvré leur liberté d'action.
La France en profite aussitôt pour proposer deux nouveaux
Traités, dont plusieurs dispositions contiennent des droits
protecteurs.

Mais, à Londres comme à Bruxelles, on déclare qu'on ne
traitera jamais sur la base d'un retour à la protection. Le
refus est péremptoire, irrévocable.

Si les négociateurs français avaient été profondément
convaincus que certaines industries nationales étaient rui-
nées par les tarifs de 1860, il ne restait plus, dans l'ordre
d'idées qui avait amené la dénonciation des Traités, qu'à
couvrir par des droits plus élevés nos industries compro-
mises. Chacun s'attendait à des mesures de ce genre.

Protectionnistes et libre-échangistes se préparaient à
les soutenir ou à les combattre, mais des incidents inatten-

dus devaient tromper bientôt les craintes des uns et les espérances des autres.

Un revirement assez sensible d'opinion commençait depuis
quelque temps à se produire sur les effets de la politique
économique suivie sous l'Empire. La puissance financière
que le pays a révélée à la suite d'une guerre malheureuse,
l'immense développement de prospérité antérieure dont elle
est le signe irrécusable, les appréciations mêmes du Gouvernement sur l'état brillant de l'industrie en 1872, forment
un si frappant contraste avec les tableaux assombris que
l'on faisait autrefois des ruines accumulées par les Traités,
que l'on commence à faire des réflexions salutaires sur l'exagération et l'injustice de ce genre de polémique.

Au milieu de nos malheurs, la grandeur financière du
pays est restée debout ; nous avons appris à la respecter
comme une consolation dans nos douleurs présentes, comme
une espérance pour notre puissance à venir. On aurait honte
de répéter aujourd'hui que l'agriculture, l'industrie et le
commerce ont été ruinés depuis 1860 par les Traités de
commerce. Au contraire, ils reprennent faveur; on dit même
qu'ils sont regrettés aujourd'hui par beaucoup de ceux qui
ne les aimaient pas, mais qui les aiment encore moins
depuis qu'on y a ajouté les droits sur les matières premières.

Singulière destinée de ces Traités célèbres ! A leur origine,
ils ont soulevé une opposition formidable d'intérêts coalisés;
pendant leur durée, ils ont été en butte à des attaques in-
cessantes et passionnées ; ils succombent enfin sous l'effort
persévérant de leurs adversaires. Mais à peine ont-ils cessé
d'exister, on leur rend justice, et c'est M. Thiers lui-même
qui après les avoir mis au tombeau va se charger de les
ressusciter.

Il y a eu dans cette mobilité imprévue des événements une cause naturelle d'espérance, puis d'inquiétude pour le parti protectionniste. Après la dénonciation des Traités, sa cause paraissait gagnée. A l'entendre, l'industrie n'aurait plus à lutter désormais contre une concurrence ruineuse. Les produits Anglais et Belges allaient être arrêtés à la frontière par des taxes suffisantes. On avait les honneurs du triomphe; il fallait bien en avoir les profits. On ferait plus de bénéfices et moins d'affaires ; le commerce avec l'Angleterre serait réduit de moitié; les consommateurs ne s'en apercevraient même pas et se plaindraient encore moins. Tout allait prospérer comme avant 1860 ! Ainsi se traduisaient les espérances des protectionnistes. Mais la joie a été courte et la déception amère. Quelques mois s'écoulent à peine et l'on parle de revenir aux tarifs de 1860 !

M. Thiers avait déclaré dans un Message solennel que ces tarifs avaient été préparés par des commissaires étrangers à l'exclusion des nôtres, qu'ils avaient été condamnés même sous l'Empire par l'enquête de 1870. Les derniers ministres de l'Empereur allaient, disait-on, les modifier; et M. Thiers pourrait songer à les rétablir ! Dans le premier moment de trouble et d'irritation on s'est posé sans doute cette question redoutable : M. Thiers est-il devenu libre-échangiste ? Robert Peel n'a-t-il pas donné lui-même ce triste exemple en faisant voter la loi des céréales qu'il avait longtemps combattue ?

Nous croyons que les protectionnistes peuvent se rassurer. Robert Peel a en effet couronné sa carrière politique en adhérant à la liberté commerciale, mais ce grand homme d'Etat, qui ne se piquait pas de fierté, a rendu hommage à Cobden en plein Parlement. Dans un discours resté célèbre, Robert Peel s'effaça modestement devant le chef illustre de

la Ligue de Manchester et lui attribua le principal honneur
de la réforme qui venait d'être accomplie en Angleterre.
Bien que Cobden ait signé le Traité de 1860, il n'a pas
converti M. Thiers. Le Président de la République a été,
autant que cela était en son pouvoir, fidèle à ses doctrines
économiques et à ses anciens amis protectionnistes. Il a
écrit le Message du mois de décembre 1871, dénoncé les
Traités de commerce, demandé un retour à la protection.
Mais il a dû reconnaître enfin l'impuissance de ses efforts ;
il n'a pu faire prévaloir en Angleterre et en Belgique
des idées économiques depuis longtemps condamnées en
Europe. Il n'a pas même réussi à en faire accepter un
instant la discussion. Les Anglais et les Belges lui ont
opposé la douce et inflexible réponse de la foi qui ne
transige point : *Non possumus.*

Cette condamnation absolue, presque dédaigneuse de sa
politique commerciale a sans doute été pour M. Thiers un
grave sujet de réflexion ; il est probable que dès ce moment
les questions de protection n'ont plus eu dans sa pensée
qu'un intérêt secondaire. Toutes ses préoccupations se sont
portées sur les questions financières. Nous allons voir bientôt si les plans financiers ont mieux réussi que les combinaisons protectionnistes.

II

Un premier vote de l'Assemblée Nationale avait écarté
l'impôt sur les matières premières. On se rappelle les graves
incidents politiques qui suivirent ce vote. Le Président de
la République donna sa démission et ne consentit à la reti-

rer que sur l'insistance d'un grand nombre de membres de l'Assemblée. A voir les résultats plus que médiocres produits depuis dix-huit mois par ce fameux impôt qui ébranla le Gouvernement de M. Thiers, à voir les tristes recettes qu'il prépare pour l'avenir, on peut s'étonner avec raison de l'importance extraordinaire qui fut donnée un moment à cette question.

La discussion de l'impôt sur les matières premières recommença au mois de juillet 1872. Elle mit en évidence la division profonde qui existait sur ce point fondamental entre les divers représentants du système protectionniste.

Les principaux filateurs de coton acceptaient l'impôt et ne voyaient pas sans satisfaction les droits compensateurs et le retour aux drawbacks. M. Pouyer-Quertier, alors ministre des finances, n'était ni moins ardent ni moins convaincu que M. Thiers. Mais d'un autre côté M. Feray d'Essonnes et les fabricants de lin, généralement protectionnistes, s'étaient rapprochés des fabricants de laine et de soie pour s'opposer à toute taxe sur la matière première de leur industrie. Rouen était en désaccord non seulement avec Lyon, mais avec Roubaix. L'exportation qui joue un rôle considérable dans l'industrie de la laine, de la soie et du lin, intéresse beaucoup moins la fabrique de coton. Le mécanisme des droits compensateurs et des drawbacks paraissait offrir, en outre, à l'industrie cotonnière, des avantages beaucoup moins appréciés par les autres industries. Quoi qu'il en soit, l'immense majorité des représentants de l'industrie française se prononça contre le nouvel impôt.

Il y eut, à cette occasion, entre M. Thiers et plusieurs de ses anciens alliés protectionnistes, des explications assez amères. On raconte que les manufacturiers de Roubaix, très inquiets des conséquences du droit sur la laine, avaient surtout manifesté le plus vif mécontement. Ce premier conflit avec des représentants considérables du parti protectionniste n'a peut-être pas été sans influence sur les décisions ultérieures du Gouvernement. M. Thiers se montra très ému des attaques, si nouvelles pour lui, de ceux dont il avait défendu longtemps les idées, les intérêts et même les passions.

Il leur répondit durement, et montrant la nécessité des sacrifices après les malheurs du pays, il donna à entendre que certains industriels cherchaient à se dérober aux charges publiques en combattant la taxe sur les matières premières. Ceux-ci ont protesté en offrant des combinaisons d'impôt différentes ; mais ils ont pu comprendre dans cette crise décisive que les fausses doctrines économiques ont des rapports nécessaires avec les mauvaises mesures financières. Dans les grands centres industriels et dans les principales places de commerce, les esprits les plus habiles et les plus forts ont aperçu des dangers qu'ils ne prévoyaient pas et auxquels ne les exposeraient jamais les partisans de la liberté commerciale. Manufacturiers et négociants, producteurs et commissionnaires, tous ceux enfin qui sont mêlés à la vie active de l'agriculture, de l'industrie et du commerce, voient que la protection a fait son temps, comme le privilége. La science la condamne, aussi bien que l'expérience ; elle ne répond plus ni aux intérêts ni aux besoins de notre époque ; elle est un obstacle aux communications entre les peuples que tout rapproche. La libre concurrence est aussi nécessaire au commerce que la vapeur et l'électricité. M. Thiers et M. Pouyer-Quertier parvenus au pouvoir sont impuissants à relever les droits protecteurs. Ils n'ont pu que faire voter la loi sur les matières premières. Leurs doctrines ont eu longtemps la prétention de servir les intérêts de l'industrie française ; elles ne peuvent plus aujourd'hui que lui nuire, elles la compromettent et quelquefois la sacrifient.

L'impôt sur les matières premières eût été certainement rejeté par l'Assemblée sans l'appoint que la gauche radicale et la gauche modérée fournirent dans cette circonstance au Gouvernement. La gauche est, dit-on, libre-échangiste, mais elle sacrifie facilement à un intérêt politique éphémère, des convictions économiques qu'elle n'a guère pratiquées et qu'elle n'a jamais défendues avec persévérance et avec autorité.

Elle ne se montre pas plus énergique pour opposer la liberté commerciale aux fausses doctrines du socialisme révolutionnaire que pour combattre contre le Gouvernement les taxes sur les matières premières.

Pour obtenir plus facilement un vote difficile et contesté, le Gouvernement avait beaucoup exagéré les ressources financières que devait procurer l'impôt proposé. M. Pouyer-Quertier annonçait à l'origine un rendement de 180 millions. Ce chiffre fantastique disparut promptement dans la discussion et le Gouvernement se borna à demander l'inscription au budget d'une recette de 93 millions. Plusieurs membres de l'Assemblée Nationale contestèrent cette évaluation qui fut admise par la commission du budget avec plus de résignation que de confiance.

Tous les hommes compétents qui avaient étudié les questions de douane et d'impôt savaient en effet que les droits sur les matières premières ne pouvaient être établis en France qu'après un accord préalable avec les Etats qui avaient encore avec nous des Traités de commerce. L'Autriche, l'Italie, la Suisse, la Suède étaient dans ce cas. Le texte même de plusieurs Traités stipulait l'entrée en franchise de diverses matières premières, telles que : les cotons de l'Inde, les laines en masse, les graines oléagineuses, les bois, etc.

Ici encore le Gouvernement rencontrait la politique commerciale de l'Empire comme un obstacle à des impôts depuis longtemps condamnés en principe et qui avaient été supprimés dix années auparavant, sans aucun esprit de retour. Ce dernier service aura pu être encore rendu au commerce et à l'industrie.

Le Gouvernement soutint avec beaucoup d'assurance qu'il ne tarderait pas à réussir dans les négociations qu'il était nécessaire d'engager pour assurer la perception des droits sur les matières premières. Il put enlever le vote de l'Assemblée, faire inscrire la recette au budget, mais à l'étranger il s'aperçut bientôt qu'il rencontrait des résistances qu'il n'avait sans doute pas prévues. Il comprit la nécessité de négocier d'abord avec l'Angleterre qui ne pouvait plus invoquer l'autorité d'un Traité encore existant. On espérait avec raison que cette grande nation, amie de la France, serait disposée à lui faciliter les moyens d'accroître ses ressources financières, pourvu que toute pensée de retour au régime protecteur fût absolument écartée.

Le vote de la loi sur les matières premières eut ainsi pour conséquence la reprise sur des bases nouvelles des négociations avec l'Angleterre et peu de temps après avec la Belgique.

III

Cette seconde période des négociations suit à quelques mois d'intervalle la dénonciation du Traité de 1860, et aboutit au nouveau Traité conclu avec l'Angleterre.

La dénonciation du Traité de 1860 avait eu lieu le 15 mars 1872. Dans une dépêche du 25 mars, adressée par lord Granville au duc de Broglie, le Gouvernement anglais accuse réception de l'acte de dénonciation qui met fin à l'ancien Traité et exprime le regret de voir arriver à son terme une convention internationale, qui certainement avait beaucoup accru les transactions commerciales entre les deux pays « which undoubtedly has much increased the « commercial transactions of the both countries. »

Dans cette même dépêche, le Gouvernement de la Reine ajoutait qu'il était disposé à s'entendre avec le Gouvernement français sur des propositions qui n'auraient qu'un but fiscal et qui ne pourraient être considérées comme un assentiment quelconque au système protecteur, auquel l'Angleterre était fortement opposée « strongly opposed. »

Dans cette situation nettement précisée par le ministre des affaires étrangères de la Grande-Bretagne, il n'était plus possible de demander un supplément de protection pour la filature de coton, les tissus de lin, les étoffes mélangées de Roubaix. Le Gouvernement français n'avait d'autre alternative que d'abandonner toute négociation, ou de renoncer en principe à toute augmentation de taxe qui aurait un but protecteur. Non seulement le cabinet de Londres en faisait la condition absolue de tout arrangement nouveau, mais il allait plus loin ; il réclamait, dès le début, l'abolition d'une surtaxe établie sur le pavillon anglais par une loi votée en France l'année précédente. Il attachait à cette concession la plus grande importance, parce qu'elle intéressait son commerce maritime.

Les premiers efforts tentés par le Président de la République, pour détruire la politique commerciale de l'Empire, n'avaient pas été uniquement dirigés contre les Traités de 1860.

La réaction avait atteint une loi excellente, la loi de 1866 sur la marine marchande. Elle avait été abrogée à la fin de 1871 et les surtaxes de pavillon rétablies.

Le commerce maritime de l'Angleterre se trouva privé tout-à-coup des facilités que la liberté de pavillon assurait à ses relations devenues de plus en plus fréquentes avec la France. Le cabinet de Londres se plaignait amèrement ; on trouve la preuve de ces plaintes dans la dépêche adressée par lord Granville, le 18 septembre 1871, pour protester contre le projet de loi qui rétablissait les surtaxes de pavillon. Lord Granville exposait que, pour obtenir l'abolition de ces surtaxes, le Gouvernement anglais avait dépensé des sommes importantes, consacrées à la suppression des droits différentiels qui, par suite d'anciennes coutumes, existaient encore dans plusieurs ports de la Grande-Bretagne ; la dépêche ajoutait : « Dans ces circonstances, on peut à peine regarder comme un procédé équitable de la part du Gouvernement français d'abolir, au bout de cinq ans, les avantages assurés à la marine britannique par la loi de 1866, et le Gouvernement de la Reine considère qu'une pareille conduite lui donne un légitime sujet de plainte et de remontrances « very legitimate ground of complaint and remonstrance. »

Dans un article remarquable publié par la *Revue des Economistes*, M. le comte de Butenval a traité d'une manière spéciale cette question de la marine marchande. Malgré son importance, elle ne rentre pas directement dans notre sujet et nous ne pouvons donner, sur les négociations relatives aux surtaxes de pavillon, des détails que l'on trouvera dans le travail que nous sommes heureux de pouvoir citer. Après avoir montré dans la diplomatie, au Conseil d'Etat et au Sénat, une rare compétence dans les questions économiques, M. de Butenval continue dans la retraite à défendre les doctrines qu'il a contribué à faire prévaloir dans le cours de sa vie publique. Il appartient à cette classe encore nombreuse d'anciens fonctionnaires de l'Empire qui conservent dans l'adversité la dignité de leur attitude et la fermeté de leurs convictions. C'est leur manière de répondre à l'injustice et à la calomnie. Le Gouvernement qu'ils ont eu l'honneur de servir était consacré par la volonté nationale. Il n'a succombé que sous les coups de l'étranger.

La gravité des réclamations du cabinet de Londres sur la question des surtaxes de pavillon avait ému le Gouvernement de M. Thiers. Ce qui aggravait la situation aux yeux de l'Angleterre, c'est que ces surtaxes de pavillon n'atteignaient ni l'Autriche, ni la Hollande, ni l'Italie, ni la Suède, ni le Zollwerein, ni le Portugal, ni l'Espagne, à cause des Traités existants avec ces divers pays.

Aussi, dans une dépêche remise par lord Granville au duc de Broglie, le 24 février 1872, le cabinet de Londres, signalant ces différences de traitement, ajoutait :

« La loi récente sur la marine marchande est non—seulement une loi entièrement protectionniste, mais, dans ses effets, elle est calculée pour agir spécialement contre la marine de la Grande-Bretagne. »

Le Gouvernement français comprit la nécessité de céder à des réclamations aussi vives et aussi bien fondées ; il vit en même temps, dans cette concession, le moyen de faciliter la négociation qu'il lui paraissait utile de renouer avec l'Angleterre pour arriver à un nouveau Traité de commerce, qui réglât l'application des droits compensateurs.

On se mit donc facilement d'accord sur les bases suivantes :

. 1° Les deux pays se garantissaient respectivement le traitement de la nation la plus favorisée, ce qui entraînait la suppression des surtaxes de pavillon.

2° Les droits établis, par le Traité de 1860, sur les produits du sol ou de l'industrie britanniques, étaient maintenus sans aucun accroissement de protection, mais à la condition, pour l'Angleterre, d'admettre la combinaison purement financière des droits sur les matières premières et des droits compensateurs.

Un premier Traité fut conclu sur ces bases le 5 novembre 1872. Il posait les principes acceptés par les deux Gouvernements, mais il ne fixait pas le tarif des droits compensateurs et des drawbacks. L'article 21 du traité stipulait que le tarif établi par la loi du 26 juillet 1872 serait révisé. Une commission réunie à Paris fut chargée de ce travail.

· La loi du 26 juillet 1872 avait fixé, à la fois, les droits sur les matières premières, les droits compensateurs et les drawbacks. Le Gouvernement n'ignorait pas, sans doute, que cette loi avait été préparée par une commission recrutée, comme la plupart des commissions de douane, parmi les personnes intéressées à la protection ; peut-être ne se préoccupa-t-il pas assez en ce moment des embarras que lui préparait une complaisance qu'il faudrait payer par des concessions à l'étranger.

Il s'agissait, en effet, de faire accepter, par les représentants de l'Angleterre, l'ensemble des droits établis par la loi du 26 juillet 1872. Mais ceux-ci n'étaient nullement liés par cette loi. Ils prétendirent que les droits compensateurs

avaient été mal calculés et contenaient un élément impli-
cite de protection qu'il leur était impossible d'admettre.

La discussion porta donc naturellement sur la question
de savoir dans quelle mesure les droits compensateurs,
établis par la loi du 26 juillet, pouvaient être considérés
comme protecteurs.

Le Gouvernement français n'a pas encore publié, sur
cette partie des négociations, les documents qui permettent
d'apprécier les raisons invoquées de part et d'autre et les
motifs des concessions faites par les représentants de la
France devant la commission spéciale ; mais les documents
étrangers nous donnent sur ce point des éclaircissements
utiles à consulter.

Le Gouvernement belge vient de publier, en effet, l'exposé
des motifs de la loi qui propose la ratification du nouveau
Traité de commerce avec la France, et nous trouvons dans
ce document des explications qu'il est bon de connaître
pour apprécier cette seconde phase des négociations entre
la France, l'Angleterre et la Belgique.

Le Traité avec la Belgique avait été dénoncé le 28 mars
1872. Dans la note en réponse à la dénonciation, le comte
d'Aspremont Lynden, ministre des affaires étrangères de
Belgique, prenait acte de la promesse faite par le Gouvernement français d'ouvrir prochainement des négociations
destinées à amener un nouvel arrangement commercial
entre les deux pays ; il ajoutait : « Le Gouvernement du
« Roi, conséquent avec sa politique commerciale, eût dé-
« siré que le Gouvernement de la République ne touchât
« aux anciens Traités que pour en développer le principe
« libéral et en élargir les bases. »

Les négociations entre la France et la Belgique restèrent

interrompues jusqu'au mois de novembre 1872. A cette
époque, les bases du nouveau Traité entre la France et
l'Angleterre étant fixées, le Gouvernement français pensa
qu'il était opportun de se mettre également d'accord avec
le cabinet de Bruxelles. Le comte d'Aspremont rend compte,
en ces termes, des pourparlers diplomatiques qui eurent
lieu à cette occasion :

« Le Gouvernement français, en s'adressant de nouveau
« à nous, avait modifié ses premières demandes. Il renonçait
« en général aux rehaussements de tarif dont nous avons
« fait mention et qui devaient constituer une protection
« supplémentaire pour certains articles de l'industrie fran-
« çaise... Quant aux droits sur les matières premières et aux
« droits compensateurs, il proposait de les percevoir d'a-
« près le tarif édicté par la loi du 26 juillet 1872, sans
« préjudice du travail de la commission mixte qui allait se
« réunir à Paris et du résultat des conférences qui s'ou-
« vriraient à Bruxelles... Nous obtinmes qu'un commissaire
« belge fût adjoint à la commission mixte. »

L'exposé belge rend compte en détail du résultat des tra-
vaux de la commission mixte, qui aboutissent à la fixation
définitive des tarifs aujourd'hui établis dans les nouveaux
Traités. Les documents français sont tellement laconiques
que nous sommes obligés de nous adresser encore aux
documents étrangers. Nous nous bornerons à citer quelques
passages qui concernent nos principales industries. L'exposé
belge relève notamment le tarif relatif aux cotons :

« Si la loi du 26 juillet 1872 nous était appliquée, telle
« qu'elle a été votée, les droits compensateurs auraient
« accru la protection accordée à l'industrie française. La
« comparaison entre le texte de cette loi et l'annexe du

« Traité montre quelles sont les réductions que nous avons
« obtenues. »

Même observation au sujet de l'industrie de la laine :

« Si l'on nous avait appliqué le droit compensateur de
« 2 0/0, que la loi du 26 juillet 1872 impose aux fils et
« laines étrangères, il eût contenu une certaine protection
« en faveur de la filature française. Le Traité réduit ce
« droit à 1 1/2 pour 0/0 et le convertit en taxes spécifiques ;
« avec cette modification nous avons la certitude que les
« conditions de la concurrence ne sont pas changées à notre
« détriment. »

Le Gouvernement belge constate également une concession du Gouvernement français sur les tissus de laine :

« Le Traité réduit, pour certaines catégories de tissus de
« laine, à 1 1/2 pour 0/0 de la valeur, le droit de 2 pour 0/0
« établi par la loi du 26 juillet 1872, et le maintient pour
« certaines autres. Les conditions de la concurrence restent
« donc égales. »

L'exagération des droits compensateurs sur les matières grasses, telles que l'acide stéarique, l'acide oléique, les bougies, les chandelles et les savons, est particulièrement relevée dans les documents que nous analysons.

Dans l'opinion des négociateurs belges, « ces droits
« étaient fort exagérés, car ils ne tenaient aucun compte de
« la graisse produite en France, ni de l'huile d'olive que le
« pays peut recevoir en franchise de l'Italie, dont le traité
« n'est pas encore expiré. Ils auraient fait le plus grand
« tort à notre industrie, s'ils avaient été appliqués tels
« qu'ils ont été établis par la nouvelle législation française.
« Les négociateurs du Traité ont réduit ces taxes élevées,

« en calculant que les deux cinquièmes des huiles et des
« graisses que les fabricants de stéarine et de savon fran-
« çais auront à leur disposition seront produits en France
« ou y entreront sans payer de droits. »

Nous comprenons que ces appréciations des documents
belges ne sauraient être acceptées sans contrôle, et nous au-
rions désiré pouvoir les comparer aux appréciations que le
Gouvernement français a dû leur opposer pour défendre la
loi du 26 juillet 1872. Mais les documents officiels qui ont
été publiés dans notre pays sont tellement sommaires qu'une
discussion serait prématurée.

Nous ne poursuivrons pas plus loin l'analyse des documents belges sur cette partie des négociations. Les citations
qui précèdent suffisent pour en faire apprécier le caractère.
Elles expliquent les motifs qui ont pu déterminer le Gouvernement francais à faire les concessions nécessaires pour
arriver à un accord avec l'Angleterre et la Belgique.

Le nouveau Traité conclu avec la Belgique a été signé le
5 février 1873 ; il termine cette seconde période des négociations.

Les concessions faites à l'Angleterre et à la Belgique et
l'abandon des tarifs compensateurs et des drawbacks établis par la loi du 26 juillet 1872, ont donné lieu aux réclamations les plus vives. On a accusé nos négociateurs de
faiblesse et d'ignorance. Les protectionnistes n'ont jamais
ménagé ceux qui ne donnent pas à leurs intérêts une satisfaction complète.

Au milieu de tant d'événements imprévus, nous ne sau-
rions nous étonner beaucoup de voir de nouveaux Traités
de commerce signés par M. Thiers et attaqués par M. Pouyer-Quertier.

Nous ne nous étonnons pas davantage de ces singuliers retours de fortune qui obligent aujourd'hui M. Thiers à placer sa signature au-dessous des tarifs de 1860, à côté de celles de Cobden et de M. Rouher. Nous aimons mieux rendre justice à M. le Président de la République ; il a su tenir compte des intérêts généraux du pays en se séparant de ses anciens alliés et en acceptant, en principe comme dans l'application, l'abandon absolu de tout retour au régime protecteur. Mais, dans la pensée de M. Thiers, les nouveaux Traités ne sont pas l'expression raisonnée d'un système économique.

Ils ne sont inspirés par aucune préférence pour la liberté commerciale ou pour la protection industrielle. Ils ne sont, à vrai dire, qu'un expédient financier. Le Gouvernement français a voulu avant tout obtenir des conventions internationales qui puissent faciliter en France la perception de l'impôt sur les matières premières. Il a traité d'abord avec l'Angleterre et la Belgique, pour pouvoir invoquer l'autorité d'un précédent considérable dans les négociations plus difficiles qui lui restent à faire avec l'Italie, l'Autriche, la Suisse et la Suède.

IV

Dans la première phase des négociations avec l'Angleterre et la Belgique, nous avons vu que le Président de la République n'a pu faire prévaloir ses idées économiques. Dans la seconde, il n'a plus eu d'autre but que d'assurer le succès de ses combinaisons financières. A-t-il été plus heureux cette fois que la première ? A défaut de la protection qu'il croyait nécessaire à certaines industries, a-t-il obtenu des recettes pour le Trésor ? C'est le dernier point qui nous reste à examiner.

Les éléments d'appréciation ne manquent pas pour juger, à ce point de vue, les effets des nouveaux Traités de commerce. Nous savons que ces effets sont subordonnés nécessairement aux négociations pendantes en ce moment avec l'Italie, la Suisse, l'Autriche, la Suède et les autres Etats qui ont avec nous d'anciens Traités de commerce. Nous arrivons ainsi à une troisième période de négociations.

Le Gouvernement a déjà envoyé en Italie M. Ozenne qui a mené à bonne fin les Traités avec l'Angleterre et la Belgique. Les missions confiées successivement à M. Ozenne sont un hommage rendu à l'expérience d'un fonctionnaire qui occupait déjà sous l'Empire le poste important de Directeur du Commerce extérieur, mais elles font un rôle singulier à nos nouveaux représentants à l'étranger. N'avons-nous pas comme autrefois des ambassadeurs à Londres, des ministres plénipotentiaires à Bruxelles? Il serait fâcheux de laisser croire que M. Ozenne est seul en état de traiter les affaires commerciales près des cabinets étrangers.

Ces missions en Angleterre, en Belgique, en Italie, ont d'ailleurs un inconvénient sérieux. Elles semblent devenir l'un des moyens d'action d'un système politique qui efface de plus en plus les ministres et les ambassadeurs pour concentrer les affaires entre les mains du Président de la République agissant directement sur les Directeurs et les Secrétaires généraux. En outre, elles suppriment les correspondances diplomatiques, si utiles pour éclairer les pouvoirs publics sur la conduite des négociations. On n'a jamais procédé ainsi, même sous des régimes moins parlementaires que le régime actuel. On en arrive à ne plus connaître ses affaires par les documents d'origine française, et on est obligé, pour apprendre les diverses phases d'une négociation, d'aller interroger les correspondances diplomatiques publiées à l'étranger.

Après avoir accompli sa mission en Italie, M. Ozenne vient de rentrer en France, sans que le résultat des négociations qu'il a dû engager avec le Cabinet italien ait encore été communiqué au public. On parle d'un ajournement de quelques mois ; les uns affirment que le Président de la République est satisfait, d'autres qu'il est mécontent. Il ne s'agit pas cependant de secrets d'Etat, mais d'affaires commerciales que beaucoup de gens étrangers à la politique ont besoin de connaître pour acheter ou vendre les marchandises nécessaires à l'exercice de leur profession. Quoi qu'il en soit, il est évident que l'Assemblée Nationale ne saurait ratifier les Traités conclus avec l'Angleterre et la Belgique, sans connaître l'état des négociations pendantes, non-seulement avec l'Italie, mais avec l'Autriche, la Suisse et la Suède. Le Gouvernement prévoit-il certaines résistances ? N'a-t-il pas rencontré des prétentions plus ou moins inattendues ? Peut-il compter sur une solution prochaine et favorable ?

Ces questions ne sont ni prématurées ni indiscrètes, elles s'imposent à tous les esprits. Les nouvelles conventions conclues avec l'Angleterre et la Belgique auraient beau être ratifiées ; elles resteront sans effet utile tant qu'elles n'auront pas été acceptées par l'Italie, l'Autriche et les autres Etats qui ont avec nous d'anciens Traités de commerce. A quoi pourrait servir, en effet, d'établir des droits de douane sur les matières premières venant d'Angleterre ou de Belgique, si on ne peut les établir en même temps sur les mêmes objets entrant en France par les frontières italienne, suisse ou allemande ?

L'exposé des motifs présenté à l'Assemblée Nationale pour demander la ratification des nouveaux Traités ne s'explique pas d'une manière suffisamment nette sur un point aussi capital. A la vérité, cet exposé est beaucoup moins affirmatif que ne l'était M. Thiers dans la discussion de la loi du 26 juillet 1872 sur l'importance des ressources qui pourraient résulter des droits sur les matières premières. M. de Rémusat reconnaît même que « pour atteindre complète- « ment le but, l'adhésion des autres Puissances liées avec « nous par des Traités sera nécessaire. » Mais, après cette réserve rapidement indiquée, il admet la possibilité d'une application immédiate de certaines taxes et de certains droits compensateurs. M. de Rémusat déclare formellement que « les Anglais consentent à subir un traitement différen- « tiel qui les frapperait même à l'exclusion des autres « nations. » Il ajoute avec une véritable satisfaction inspirée par les bons sentiments de l'Angleterre : « Peut-être était- « on loin de supposer que jamais l'Angleterre donnerait un « pareil exemple.... Cette conduite vraiment amicale sera « dignement appréciée par la France. »

Nous nous associons bien volontiers à cet hommage rendu à l'Angleterre. Mais les négociateurs anglais sont gens d'affaires; ils se sont, peut-être, mieux rendu compte que ne le suppose l'Exposé des motifs, de l'innocuité pratique de la concession dont on les remercie avec tant de courtoisie. Avant de faire payer aux marchandises anglaises les droits compensateurs, il est nécessaire de percevoir en France les droits sur les matières premières. Or, il paraît tout-à-fait impossible que les Anglais et les Belges puissent payer *seuls* les droits sur des matières brutes d'origine étrangère, telles que le coton, la laine, le lin, la soie, les bois et les huiles.

Comment percevoir, par exemple, le droit sur la soie et sur les graines oléagineuses sans être d'accord avec l'Italie ? Comment percevoir le droit sur la laine ʼsans s'être entendu avec l'Autriche ? Comment percevoir les droits sur les bois avant de s'être concerté avec la Suède et la Suisse, qui en importent en France des quantités considérables ?

Ce point a une trop grande importance pour que nous ne cherchions pas à le préciser en citant le texte des Traités eux-mêmes.

Le Traité conclu avec l'Italie, le 17 janvier 1863, est conçu dans le même esprit que les anciens Traités avec l'Angleterre et la Belgique. C'est l'application, dans les relations commerciales de la France et de l'Italie, de la réforme économique de 1860. La durée de ce Traité étant fixée à douze années, il doit rester en vigueur jusqu'au mois de janvier 1875. Il stipule expressément l'exemption de tout droit de douane, notamment pour les produits suivants à leur importation d'Italie en France :

1° Matières premières servant aux industries textiles : le coton de l'Inde, le lin, le chanvre, la laine, la soie, le jute.

2° Matières premières servant principalement à la teinture et à l'impression des étoffes : les principaux produits chimiques, la garancine, le bleu de Prusse, les carmins de toutes sortes, l'iode, l'acide sulfurique, etc.

3° Matières premières servant à la savonnerie et à la fabrication de la bougie : fruits et graines oléagineuses, graisses de toutes sortes.

4° Matières premières pour la fabrication des barriques

ou pour la construction : bois feuillards et merrains, pièces de charpente et de charronnage brutes et façonnées.

5° Matières premières pour la tannerie et la fabrication des chaussures : peaux brutes.

Toutes ces exemptions de droit avaient pour objet de favoriser les approvisionnements des grandes industries et de donner des facilités plus grandes au commerce général de la France.

Les mêmes exemptions de droit se retrouvent dans les Traités conclus avec la Suisse en 1864, avec la Suède en 1865 et avec l'Autriche en 1866. Ce dernier Traité n'expire que le 27 décembre 1876. Inspirés par le système de la liberté commerciale, ces divers Traités avaient généralisé sur le continent européen les bienfaits de la réforme économique accomplie en France. Des Traités semblables avaient été conclus avec le Zollwerein. La guerre de 1870 les a déchirés, mais le Gouvernement français a concédé récemment au Gouvernement allemand le traitement de la nation la plus favorisée. M. Pouyer-Quertier qui a fait cette concession à M. de Bismark, l'a même faite non pas pour dix ou douze années mais à perpétuité, contrairement aux usages diplomatiques en matière commerciale. Tant qu'il restera un Traité ancien, tant que durera notamment le Traité avec l'Autriche qui ne prend fin qu'avec l'année 1876, le Zollwerein aura le droit de profiter des exemptions de taxes qu'il contient. Sans être partie directe dans les négociations, la Prusse y est assez intéressées pour ne pas renoncer à toute influence sur les Etats voisins. Ainsi notre frontière du côté de l'Allemagne restera ouverte à tous ceux qui refuseront d'accepter les taxes sur les matières premières établies par les Traités anglais et belges. Hambourg deviendrait facilement un vaste entrepôt pour les matières premières d'origine diverse, ou même pour les produits fabriqués d'origine anglaise qui chercheraient à se mettre en communication avec la France par la frontière allemande. Gênes accepterait volontiers le même rôle du côté de la frontière italienne.

Nous reconnaissons que l'exemption des droits stipulés par les divers Traités que nous venons de citer ne présente pas le même intérêt pour toutes les parties contractantes. L'Italie tient surtout à la franchise des soies et des fruits oléagineux, l'Autriche et l'Allemagne à la franchise des laines, la Suisse et la Suède à la franchise des bois. Mais chacun de ces États a un intérêt considérable à conserver l'exemption des droits pour la matière première qu'il produit et qu'il importe en France. Or, il suffit de la résistance isolée d'un État sur un article pour paralyser l'effet de la concession faite par tous les autres États.

Mais cette première difficulté devient encore plus sérieuse, si l'on considère que la France produit des olives comme l'Italie, de la laine comme l'Autriche, des bois comme la Suède et la Suisse. Il ne s'agit de rien moins que de faire accepter à des États couverts par des Traités l'établissement d'un droit de douane sur leurs produits, lorsque nous n'imposons aucun droit à l'intérieur sur les bois, la laine et les olives d'origine française. Le droit de douane prend à ce point de vue le caractère d'uu droit protecteur.

Que de difficultés pour nos négociateurs ! Que de raisons de douter du succès des négociations !

Peut-être ne serait-il pas impossible d'obtenir une concession pour le coton de l'Inde ? Il n'intéresse, au point de vue de la production, aucun des États contractants ; l'exemption de droits profite seulement à leur marine marchande ou à leur commerce d'échange. Cet intérêt est très secondaire pour l'Autriche, la Suisse et même l'Italie. Mais il n'en est pas moins évident qu'il faut avoir obtenu cette concession avant de pouvoir faire recette du droit sur le coton. Le Hâvre, Marseille et Bordeaux ne pourraient pas admettre que le coton de l'Inde arrivant sous pavillon français dans un port français, fût obligé de payer un droit dont serait affranchi le coton de l'Inde arrivant en France par Gênes et Hambourg. D'un autre côté, si l'on grève le coton d'Amérique sans imposer le coton de l'Inde, on s'expose aux représailles immédiates des Etats-Unis qui sont les moins patients des peuples commerçants.

L'industrie cotonnière avait accepté assez volontiers le droit sur la matière première de sa fabrication. Le droit sur le coton présente une sérieuse importance pour le Trésor ; avant 1860, il rapportait une vingtaine de millions. Les droits fixés par la loi du 26 juillet 1872 sont moins élevés que ceux qui ont été supprimés par la loi du 5 mai 1860, contemporaine du Traité avec l'Angleterre. La recette serait donc moindre, mais on peut l'évaluer encore à huit ou dix millions. On est d'accord avec l'Angleterre et la Belgique sur les droits compensateurs et sur les drawbacks concernant l'industrie du coton ; on s'entendrait probablement sur les mêmes points avec l'Italie, l'Autriche et la Suisse. Nous apercevons là un élément possible de recette ; mais il paraît que les dispositions de l'industrie cotonnière en France ont complétement changé, depuis que l'Angleterre et la Belgique ont obtenu le maintien des tarifs de 1860 et la réduction des droits compensateurs et des drawbacks. M. Pouyer-Quertier qui a été l'un des défenseurs les plus éloquents et les plus convaincus des droits sur les matières premières, serait aujourd'hui un adversaire déclaré des Traités de commerce qui ont pour but d'en assurer la perception. Ainsi le coton se révolte à son tour et l'impôt sur les matières premières a perdu son point d'appui principal.

V

La situation financière, commerciale, diplomatique, qui résulte des négociations que nous venons d'exposer, des Traités qui sont déjà conclus, de ceux qui restent à conclure, est vraiment singulière et, croyons-nous, sans précédents.

Au point de vue financier, une somme de 93 millions portée au budget, comme évaluation des droits sur les matières premières, ne comporte de ressources réalisables que dans une proportion insignifiante. Jamais, sous aucun régime, une recette aussi précaire n'a figuré dans le budget de l'Etat.

Au point de vue commercial, le régime douanier de la France est purement provisoire. On vit au jour le jour sur les tarifs de 1860, tour à tour désavoués ou maintenus par le Gouvernement. Le vote de la loi sur les matières premières est venu compliquer encore notre régime de douanes et a placé le commerce et l'industrie dans un état d'incertitude qui compromet toutes les opérations à long terme. A la suite de la loi du 26 juillet 1872 qui a établi les droits sur les matières premières, une hausse rapide s'est produite sur la plupart des objets atteints par l'impôt nouveau et notamment sur les bois. Le prix des merrains et des barriques s'éleva de 20 et 25 pour cent. Le Trésor ne reçut rien, car le droit ne fut pas perçu, mais les petits

marchands, les fabricants de futailles et les propriétaires
de vins payèrent les bois et les barriques comme si l'Etat
eût touché l'impôt. La plupart sont encore convaincus que
les droits ont été perçus. Ils se trompent, mais pour eux
l'effet a été le même. Dans la Gironde où la tonnellerie
est une industrie importante, où le plus petit propriétaire
achète des barriques pour loger sa récolte de l'année, le
préjudice a été considérable, sans aucun profit pour le
Trésor.

Si les Traités avec l'Angleterre et la Belgique sont ratifiés, nous allons assister encore à des faits analogues. Le
Gouvernement sera obligé d'affirmer que les ratifications rendront plus facile la perception des droits. On
insistera pour obtenir cette ressource si nécessaire et si
longtemps attendue. Le commerce s'en préoccupera. De là
des spéculations nouvelles sur les marchandises exposées
à la perception des taxes. Le prix des cotons, des lins, des
laines, des graines oléagineuses, des bois subira des perturbations inévitables, comme il arrive à la veille d'un fait
nouveau qui va modifier la valeur de la marchandise.

En Angleterre, lorsqu'il y a augmentation ou diminution
de taxe sur un objet de commerce, le bill est enregistré dans
les vingt-quatre heures. Sous l'Empire, on procédait de
même et les lois de ce genre étaient toujours promulguées
d'urgence. Nous sommes aujourd'hui en présence de taxes
votées et de lois promulguées, mais la perception étant
ajournée, l'impôt reste suspendu comme une menace quotidienne sur toutes les opérations commerciales.

La ratification des Traités avec l'Angleterre et la Belgique
sera un incident nouveau qui sera exploité par les habiles.
Les droits ne seront pas perçus davantage, parce que les
Traités avec la Suède et l'Autriche n'en resteront pas moins

en vigueur, mais la masse des petits commerçants et des consommateurs supportera encore les conséquences d'une politique commerciale conduite avec une extrême inexpérience et d'inexplicables illusions.

Enfin le point de vue diplomatique n'est pas moins digne d'attention que le point de vue commercial. Nous avons signé avec avec l'Angleterre et la Belgique des Traités dont l'exécution se trouve arrêtée par des difficultés de tout genre. L'Angleterre a consenti, pour faciliter les plans financiers de M. Thiers, à s'engager dans des combinaisons inutiles à ses intérêts. Une seule disposition offrait à son commerce un avantage dont il était impatient de profiter : l'abolition des surtaxes de pavillon. L'exécution de cette clause est indéfiniment suspendue par l'ensemble des difficultés que présentent la ratification et l'exécution du Traité. L'Angleterre est mécontente ; elle paie en ce moment dans nos ports des surtaxes dont sont affranchis les pavillons allemands, autrichiens, suédois, italiens, portugais, espagnols. Cette situation inégale et injuste révolte le commerce anglais. Tout retard est un grief, tout ajournement un sujet de mécontentement grave et légitime. Des représailles menacent nos produits et notamment nos vins et nos eaux-de-vie. Il est urgent de donner satisfaction à l'Angleterre et d'abolir, par une convention spéciale, les surtaxes de pavillon qui atteignent les navires anglais, en stipulant en échange des garanties immédiates pour les vins et les autres produits de notre sol ou de notre industrie. Il serait imprudent de compromettre nos bonnes relations avec l'Angleterre, en la laissant mêlée maladroitement aux inextricables embarras que l'impôt sur les matières premières soulève en France et à l'étranger.

Nous avons indiqué les causes multiples de ces embarras. La ratification des nouveaux Traités ne changerait pas la situation. On ferait un pas de plus dans une voie fausse ; on n'atteindrait pas le but qu'on poursuit, on n'assurerait pas la perception des droits sur les matières premières. Ces droits sont déjà établis par une loi inscrits dans un budget, consacrés par deux Traités ; ils pourraient l'être dans un troisième et dans un quatrième sans cesser d'être irrecouvrables. Les ratifications isolées et successives laissent tout en suspens. Elles seraient obtenues ou imposées à Versailles qu'elles ne résoudraient pas la question. La solution est ailleurs ; elle est en Italie, elle est en Suisse, elle est à Vienne, à Berlin, à Stockholm. Elle est subordonnée à des négociations qui peuvent durer plusieurs années et qui très probablement se prolongeront jusqu'à l'expiration des Traités existants. Si l'on peut en effet espérer quelques concessions secondaires, il faudrait se faire de grandes illusions pour compter que sur les points principaux, les Gouvernements des pays intéressés abandonneront des franchises douanières qui profitent au commerce de leurs nationaux.

La Suède et la Norwége nous envoient chaque année pour une valeur de 100 millions de bois, l'Autriche pour plus de 25 millions, la Suisse pour plus de 20 millions. Ces pays sont-ils assez riches et assez prospères pour laisser imposer sur un produit aussi important des taxes au profit du Trésor français.

On est à la veille d'une discussion solennelle sur les nouveaux Traités de commerce, et cette discussion sera nécessairement stérile. En admettant que le Gouvernement obtienne le vote qu'il désire, il n'obtiendra qu'un vote sans force obligatoire, une ratification sans efficacité, et ce qui est assez piquant sous un régime parlementaire, un pouvoir éventuel et discrétionnaire en matière d'impôt. On aura engagé la

signature de la France, de l'Angleterre et de la Belgique,
pour créer des taxes impossibles à recouvrer, des droits
compensateurs sans application et des drawbacks en pers-
pective ! Après bien des efforts dans le vide et des agitations
en tout sens, les droits sur les matières premières auront le
même sort que les droits protecteurs. On sera obligé d'y
renoncer et l'on reviendra à la politique commerciale de
l'Empire !

Nous avons concouru au premier Traité de commerce avec
l'Angleterre comme Directeur général des Douanes. Nous
avons passé la meilleure partie de notre vie à le défendre dans
les assemblées politiques. Nous assistons aujourd'hui, en
observateur, aux derniers efforts d'une réaction vainement
essayée contre une œuvre éminemment utile à la France. Une
opposition systématique dirigée avec une persévérance
infatigable contre la réforme économique de 1860 a solida-
risé la cause de la liberté commerciale avec les souvenirs de
l'Empire. Ce n'est pas à nous de nous en plaindre ; nous
acceptons hautement cette solidarité. Mais les principes que
nous défendons n'en ont pas moins des traditions anciennes
dans notre histoire. Le nom de Turgot en est inséparable.
Ce courageux ministre, ce chef illustre des Économistes du
xviiie siècle, a tenté une réforme qui, malgré la différence
des temps, n'est pas sans analogie avec celle qui a été accomplie sous l'Empire. Turgot a échoué, mais les principes
professés par les Economistes, par Jean-Baptiste Say, par
Rossi, par Bastiat, par Michel Chevalier, ont passé dans les

lois, dans les Traités et dans les faits. L'Empereur les avait acceptés, son initiative et sa fermeté en ont assuré le succès. Cette grande réforme survivra à son règne et contribuera dans l'histoire à déterminer le caractère de sa politique.

La liberté commerciale est entrée dans nos mœurs, parce qu'elle répond à des besoins universels. Elle convient aux principes de la société moderne, parce qu'elle contribue au bien-être de tous, sans sacrifier aucun droit ni aucun intérêt légitime. Elle assure la distribution de la richesse dans la proportion de l'utilité du travail. Elle a été et elle restera, pour la masse de la population concentrée sur le territoire de la France, aussi féconde en bienfaits que la division de la propriété, au commencement de ce siècle. La réaction contre le second Empire n'emportera pas plus la liberté commerciale que la réaction contre le premier Empire n'a emporté le Code Napoléon. Les habitants de nos campagnes ont appris pendant dix années ce que la liberté commerciale ajoutait à la valeur de leurs produits et au capital de leur modeste héritage. Les paysans de Bretagne et de Normandie comparent le prix de leurs bestiaux et de leurs denrées avant et après 1860. Les vignerons de la Côte-d'Or et de la Gironde, des Charentes et du Lot-et-Garonne, de l'Hérault et du Rhône, n'oublient pas la plus-value acquise à leurs vins, à leurs eaux-de-vie, aux fruits de leurs vergers. Les grands et les petits propriétaires, les fermiers ou les métayers des départements qui cultivent les céréales jugent aujourd'hui, comme elles méritent de l'être, les combinaisons trompeuses et usées de l'échelle mobile. Dans toutes les parties de la France, la liberté commerciale est devenue comme un autre patrimoine pour cette démocratie laborieuse, économe, amie de l'ordre, qui demande au travail des champs ou de l'atelier le bien-être du foyer domestique.

Fidèle à ses souvenirs comme à ses sentiments conservateurs, elle oppose encore un dernier rempart à l'esprit révolutionnaire et aux passions démagogiques.

Malromé, 15 Mai 1873.

AGEN — IMPRIMERIE DE P. NOUBEL.

PRIX DE LA BROCHURE :

1 Fr.

Agen — Imprimerie et Lithographie de P. Noubel